STOP AL PÁNICO

Título: *Stop al pánico*

© 2013 Andrea Fiorenza
Translation rights arranged by Zarana Agencia Literaria
in cooperation with Nabu International Literary Agency.

© Jordi Bargalló Chaves, por la traducción

© iStockphoto, por la imagen de portada

© 9 Grup Editorial
Lectio Ediciones
Muntaner, 200, ático 8ª
T. 93 363 08 23 / F. 93 363 08 24
www.lectio.es
lectio@lectio.es

Primera edición: mayo de 2013
ISBN: 978-84-15088-72-1
DL: T. 381-2013
Impreso por Romanyà Valls, S.A.

Andrea Fiorenza

STOP AL PÁNICO

Autoterapia para evitar crisis de ansiedad

Traducción de Jordi Bargalló

Cuadrilátero
de libros

Índice

Introducción

Cuenta una vieja historia del místico Osho que un viajero, tras una larga caminata, se sentó a la sombra de un árbol para descansar, sin sospechar que había ido a parar bajo una planta mágica capaz de hacer posible cualquier deseo.

Sentado, pensó en lo agradable que sería encontrarse en una mullida cama. Al instante le apareció, a un lado, la cama. Sorprendido, el hombre se tendió en ella e imaginó que el colmo de la felicidad sería que una muchacha llegase para masajearle sus doloridas piernas. Apareció la muchacha y le dio un agradable masaje en las piernas. «Tengo hambre —dijo el hombre en voz alta—, y comer ahora sería una auténtica delicia». Apareció una mesa maravillosamente engalanada de suculentos manjares. El hombre se relamió. Comió y bebió a placer. La cabeza le daba vueltas. Debido al cansancio y a los efectos del vino se le cerraban los párpados. Entonces, se acomodó en la cama pensando en el maravilloso acontecimiento de aquel día. «Bien, dormiré una hora o dos —murmuró para sí, un instante antes de quedarse dormido—, siempre que no pase un tigre mientras estoy durmiendo». De repente, apareció el tigre y lo devoró.

La historia nos dice que, a veces, la imaginación puede convertirse en realidad; si esto lo trasladamos a los miedos, pueden nacer y concretarse en el momento en que comenzamos a pensar en ellos. Si pensamos en la vejez como origen de problemas, empezaremos a tener miedo a envejecer; si pensamos en posibles enfermedades, comenzaremos a tener miedo de todo aquello que podría hacernos enfermar, aunque en muchas ocasiones hayamos estado enfermos sin que existiera el miedo.

El miedo siempre se refiere a algo que ocurrirá. Difícilmente existe en el momento presente. Si vamos a hacer un examen, mientras nos acercamos al lugar donde vaya a tener lugar, estaremos muy aprensivos y ansiosos; los días anteriores, temblaremos y, atormentados por pesadillas, no conseguiremos dormir. Sin embargo, apenas lleguemos ante el examinador, una vez que estemos allí, nos olvidaremos por completo del miedo. Llegará la primera pregunta y notaremos que las palabras nos salen fluidas, como nunca lo hubiéramos imaginado.

El problema, pues, por lo que respecta a la mayor parte de nuestros miedos, surge en la imaginación.

«¿Qué haré si pierdo el trabajo? ¿Cómo puedo evitarlo?».

Imaginando tener miedo de hechos de este tipo, se empieza a no vivir porque todo es posible, pueden suceder millones de cosas; todo lo que le ha sucedido a alguien que conocemos puede ocurrirnos a nosotros también.

No hay modo de estar total y perfectamente a salvo. Podemos quedarnos tumbados en la cama, pero sabemos que son muchísimas las personas que mueren en la cama.

Incluso volar en avión no es tan peligroso como quedarse en la cama, según muestran las estadísticas. El problema, entonces, ¿es la cama o el avión? Ninguno de los dos, el problema está en la cabeza, en nuestra imaginación. Tenemos una capacidad extraordinaria para adaptarnos a las situaciones, también a las más adversas —enfermedades, duelos, pérdidas económicas, etc.—, pero no tenemos ninguna capacidad de adaptarnos al futuro.

Cuando intentamos protegernos y asegurarnos un futuro carente de inseguridades e incertezas acabamos en el caos mental, en las redes del miedo. Al seguir ese rumbo perdemos la serenidad y dejamos de vivir.

De todas formas, el futuro existe y no hay manera de saber con certeza qué traerá. Todo es posible y nada es cierto. Si tenemos miedo y ansiedad es solo a causa de nuestra imaginación. Cuando la mente no está en el presente, los problemas se avecinan. Si estoy enfermo, lo estoy. ¿Por qué preocuparse? No puedo estar preocupado porque mi mente está pensando en qué hacer para salir de la enfermedad. Sin embargo, si no estoy enfermo y empiezo a pensar que antes o después lo estaré, entonces empiezo a preocuparme, a pensar en ello constantemente, a obsesionarme con visitas y controles dictados por un pensamiento hipocondríaco. Acabo por enfermar psicológicamente.

La realidad nunca le ha creado problemas psicológicos a nadie, la imaginación sí.

Pero, ¿qué es el miedo?

¿Es solo un estado fastidioso o sirve de algo?

El miedo es un sistema de alarma

Algunos miedos son una sofisticada reacción del organismo frente a algunas amenazas, reales o no. Nos permiten valorar las consecuencias y evitarlas, circunscribirlas. Constituyen nuestro modo de vivir, sentir y responder a los peligros reales o fantásticos. Son un verdadero sistema defensivo a nuestro servicio. Un coche que derrapara podría atropellarnos si no reaccionáramos huyendo de la calzada para encontrar refugio en la acera.

El miedo, por tanto, es una emoción fundamental, inevitable y necesaria, una necesidad indispensable porque representa una señal de alarma destinada a estar más atentos ante los peligros, a aumentar, en consecuencia, nuestras esperanzas de supervivencia. Un sistema de alarma, en definitiva. Como podría serlo el de la casa o el del coche, que suelen dispararse solamente en caso de rotura o incendio.

Un sistema de alarma suena o parpadea. Pero, ¿cuáles son las señales que produce nuestro organismo ante la presencia de un peligro?

Frente a una señal que nos advierte de la presencia de un peligro —o que por valoración subjetiva advertimos como peligro—, la **AMÍGDALA**, la parte más primitiva del cerebro humano, se dispara inmediatamente y manda a todas las otras partes del cerebro un mensaje de crisis. El organismo se prepara para responder, y lo más interesante es que este mecanismo se dispara también en presencia de estímulos producidos por la imaginación, como el miedo a los recuerdos. Si a lo largo de una calle desierta vemos una sombra y pensamos que puede pertenecer a alguien que nos sigue, primero nos escapamos y luego pensamos en ello. El mecanismo, pues, se dispara, en ambos casos —peligro real o imaginario— con respuestas que pueden ir desde huir, atacar o quedarse inmóvil para hacerse invisible. Al mismo tiempo el corazón empieza a latir más rápida e intensamente para irrigar mejor los músculos necesarios para el movimiento, la sangre va hacia los músculos de las piernas para facilitar la huída.

¿Te has preguntado alguna vez porque empalidecemos a consecuencia de un sobresalto o de un miedo intenso? Porque la cabeza recibe menos irrigación para facilitar las prestaciones musculares. Al mismo tiempo la respiración aumenta y así se dispone de más oxígeno y se alimenta la actividad cardíaca sometida a esfuerzo. Y en el estómago, ¿qué ocurre? ¿Por qué se cierra y las vísceras se contraen? La respuesta es simple. Toda actividad digestiva se bloquea para no malgastar energías necesarias en otras actividades.

¿Eso es todo? No. También el hígado hace su trabajo. Es estimulado para que ponga en circulación más azúcar, una carga de energía.

¿Y crees que todo acaba aquí? No. Los circuitos de los centros cerebrales predispuestos para la regulación de las emociones disparan una tempestad de hormonas que intentan, mediante cargas de energía, neutralizar la amenaza y predisponer a la acción. Veamos las hormonas que intervienen:

- La **ADRENALINA**, un potente estimulador de los sistemas cardíaco y respiratorio;
- La **DOPAMINA**, un carburante universal;
- La **NORADRENALINA** reduce el tiempo de reacción;
- La **TESTOSTERONA** permite desarrollar el máximo de fuerza y de potencia;
- El **CORTISOL** prolonga los efectos de las otras hormonas;
- La **SEROTONINA** proporciona una última inyección de energía, ya que causa sensación de bienestar y reduce la ansiedad.
- La **ENDORFINA** es un potente analgésico.

Todo esto sucede en poquísimo tiempo; infinitesimal. Sin embargo, ¿qué es lo que vemos exteriormente? La nariz se dilata y de manera semejante los bronquios; las orejas se estiran, las pupilas se dilatan. Los pelos se ponen de punta, la boca se seca, el sudor resbala copiosamente y se vuelve agrio: el olor del miedo.

El rostro sintetiza el miedo con expresiones faciales que sobrepasan a cualquier pertenencia étnica o cultural. Las expresiones del miedo están estampadas en el cerebro humano y son innatas. Esto nos lo revela el hecho de que también las personas que nacen ciegas, en caso de miedo, empalidecen o muestras las expresiones faciales típicas.

¿Quién hubiera dicho que una reacción de miedo fuese capaz de disparar un sistema tan complejo de reacciones biológicas, fisiológicas y psicológicas? Un sistema innato que, como hemos dicho, nos preserva y que se activa cada vez que es necesario.

Una manifestación normal de este sistema de alarma se produce cuando se manifiesta en el momento mismo en el que tiene lugar la percepción del peligro, la rotura del coche o un incendio, por tomar el ejemplo anterior. Una alarma lo bastante fuerte como para poder ser oída con claridad y permitirnos poder correr a ponernos a salvo, pero no tan fuerte como para rompernos los tímpanos e impedirnos reaccionar. Del mismo modo ha de durar el tiempo suficiente para atraer nuestra atención, pero después tiene que dejar de sonar en el momento en que nos sorprendemos y nos disponemos a resolver el problema.

Es importante entender que un sistema de alarma que se dispara simplemente con la llama de un encendedor o de una cerilla, si es un antiincendios, o a causa de un simple roce o un golpe casual de un inocente paseante, si se trata de un coche, no es un buen sistema de alarma porque como en el cuento del lobo... nos obliga a ponernos a salvo continuamente cuando en realidad no hay ninguna necesidad.

La consideración que acabamos de hacer para el sistema de alarma de nuestro coche o del apartamento en que vivimos, vale para el sistema de alarma del miedo. Cuando esta señal de alarma no es regulada correctamente, y por tanto, se dispara para atraer nuestra atención a partir de de falsos peligros, entonces el sistema se vuelve más perjudicial que útil.

Y con toda probabilidad podemos decir que pasamos a vivir una vida fóbica. Una vida en la que el sistema de alarma de la supervivencia se ha, de alguna manera, estropeado y ya no funciona del modo correcto.

Empezamos así a dibujar diferencias: tras un miedo que nos sirve, porque es útil, hay otro que no nos es útil porque es excesivo.

De modo que el miedo excesivo es...

El miedo excesivo es un sistema de alarma defectuoso

La mayoría de los miedos que componen nuestra existencia son miedos que podemos definir como normales.

Sin embargo, ¿cuándo podemos definirlos así? De forma sencilla cuando nuestro sofisticado mecanismo de alarma está calibrado, ya sea por lo que respecta a su activación como por lo que respecta a su regulación (C. André, 2005).

Por *activación* se entiende el estado de vigilancia que comunica a nuestro sistema (biológico y psicológico) la orden de reacción frente a un peligro verdadero, real. Un estado de vigilancia que naturalmente saber tener en cuenta el contexto y, por lo tanto, distinguir la diferencia entre encontrarse ante una serpiente real a unos metros de nuestros pies, de la de una imagen televisiva, y por tanto, no real ni concreta, de una serpiente en su propio hábitat, a miles de kilómetros de nosotros. El segundo componente fundamental, como ya se ha anticipado, es precisamente la *regulación* de la intensidad del miedo, que en un estado de alarma normal se repone de modo rápido y sin particulares secuelas apenas el peligro ha pasado y nos hemos dado cuenta de que tampoco era tan amenazador, mientras que en el caso de un miedo fóbico se alarga en el tiempo con la misma intensidad con la cual se ha activado. Cuando el mecanismo de *regulación* se presenta de modo natural, y por lo tanto un miedo se desactiva en tiempo breve, podemos decir que el sistema de alarma se ha desarrollado de manera adecuada a su papel: el miedo se ha activado en el momento de la percepción del peligro, pero también se ha desactivado en el momento en que ha cesado. Si, por el contrario, eso no sucede, entonces podemos encontrarnos frente al pánico, un estado en el cual nuestra capacidad de adaptación es presa de la parálisis, llega el bloqueo de cualquier actividad y el miedo normal se transforma en patológico.

Podemos, pues, definir un miedo patológico cuando, del mismo modo que una alarma defectuosa, se activa en momentos equivocados y su regulación ya no es capaz de trabajar adecuadamente. En el primer caso, cuando se activa de manera continua o en momentos inoportunos, nuestra vida parece la de un animal al borde de un charco de agua que huye al menor rumor del viento. El miedo se activa ante todo o nada, ya no es modulado y, como hemos dicho, se convierte pronto en pánico. Este mal funcionamiento de la relación estímulo-respuesta se convierte rápidamente en un sufrimiento continuo, como en el caso de muchos pacientes fóbicos que sufren del fenómeno llamado *miedo al miedo*: empiezan a tener miedo, empiezan también a temer que esta sensación se pueda transformar en pánico y que el pánico pueda volverlos totalmente incapaces de controlarse e inducirlos a hacer cualquier cosa, incluso contraria a su voluntad; intentan regular la intensidad del miedo, no lo consiguen, se alarman más, si pueden huyen, si la vía de salida está cerrada son asaltados por el pánico y experimentan la sensación inminente de muerte o de locura, la pérdida completa del control. En ese caso, por tanto, cuando no existe una buena *regulación*, el miedo emplea mucho tiempo en disminuir y, por supuesto, tiende a reactivarse muy fácilmente con el llamado fenómeno del miedo de retorno, un estado continuo de miedo generado por el recuerdo de los episodios ocurridos. Además, siempre a causa de ese mal funcionamiento, quien sufre de fobias, en general, sufre de una auténtica inflamación espontánea del miedo. Por poner un ejemplo: quien tiene miedo a ruborizarse puede hacerlo de modo espontáneo y sin que, precisamente, exista el estímulo, incluso encontrándose al teléfono o incluso al pensar que puede llegar a estar en riesgo de ruborizarse. Hace un tiempo, una persona me explicó su experiencia. Tenía unos cuarenta años, casado y con un buen trabajo en una multinacional. Disfrutaba de una vida relacional satisfactoria. A pesar de ser deportista y gustarle explorar lugares nuevos, tenía un miedo al vacío que la había llevado literalmente a evitar lugares en los que podría haberse sentido mal a causa de su problema. Me había confiado que aquello que al principio no era más que un miedo que a menudo le había salvado de muchas situaciones de peligro potencial, forzándola a la prudencia, con el tiempo se había transformado en algo distinto, hasta tal punto que ya no se trataba de prudencia, sino sencillamente de evitación. El miedo se activaba en cualquier momento y durante un tiempo inadecuado.

Existen, pues, miedos y miedos, y algunos se convierten en verdaderas fobias.

Entonces, ¿las fobias son también un sistema de alarma defectuoso o alguna cosa más?

Las fobias son un sistema de alarma enloquecido

Una fobia se caracteriza por diversos síntomas (C. André, ibídem):

- El miedo es a menudo incontrolable.
- Es un miedo muy fuerte que puede transformarse también en un ataque de pánico.
- Es un miedo que empuja a evitar objetos o situaciones que pueden activarlo.
- En el caso en que no se consiga evitar sino que deba afrontarse, provoca un gran sufrimiento.
- Es un miedo que normalmente crea anticipaciones ansiosas.

Veamos un ejemplo para entenderlo mejor. Supongamos que bajar a la bodega, por el miedo a encontrar una rata, representa para alguien una fuente de miedo, pero, a pesar de ello, la persona baja igualmente. Podemos afirmar que no se trata de fobia, sino de simple temor o miedo que no impide ir al lugar temido. Sin embargo si, al contrario, se empieza a evitar bajar a la bodega, y se priva del placer de ir a buscar una buena botella de vino, entonces el miedo de poder encontrar ratas no es solamente un sencillo miedo, sino una fobia.

A continuación presentamos la lista de síntomas que caracterizan un miedo normal, no fóbico:

- Presencia de miedo leve.
- Pensamientos de miedo, a menudo controlables.
- El miedo está asociado a situaciones objetivamente peligrosas.
- Las evitaciones suelen ser moderadas.
- Poca ansiedad anticipatoria.
- Afrontar el miedo hace que disminuya poco a poco su intensidad.

Como todas las emociones fundamentales, cuando el miedo es excesivo genera numerosas emociones derivadas, que sin ese miedo no se habrían generado. Entre tales emociones están la ansiedad, la angustia, el terror o el pánico.

La ansiedad, por ejemplo, es un miedo anticipado. Es el estado de excitación y sufrimiento en el que entramos cuando se acerca el peligro, en el momento en el que estamos en la fase de espera, o sencillamente ante el presentimiento.

La angustia es una ansiedad más elevada, que llega acompañada de numerosos síntomas físicos. Ambas emociones son miedos sin un objeto real. En otras palabras, el miedo se presenta en estas formas sin el objeto real del mismo. Se tiene miedo sin estar delante de aquello que da miedo.

El pánico y el terror son miedos que se distinguen por su

extrema intensidad. Como en las dos emociones precedentes, estos últimos pueden verificarse en ausencia del objeto del miedo, simplemente a través de su evocación o anticipación. A diferencia de la ansiedad y de la angustia, el pánico y el terror se caracterizan por la pérdida de toda forma de control.

Pero vayamos por orden y busquemos comprender cuáles son las situaciones principales que generan miedos incontrolables y fobias.

Qué genera los miedos y las fobias

Los objetos o las situaciones que a menudo se revelan fuente de miedos y fobias concretas pueden agruparse, de manera general, en tres grandes categorías (C. André, ibídem):
- Miedos y fobias de las situaciones.
- Miedos y fobias de los animales.
- Miedos y fobias de los elementos naturales.

Miedos y fobias de las situaciones

Al hablar de miedos o fobias relacionadas con lugares o espacios en general, nos referimos a la claustrofobia, el miedo a los espacios cerrados, a los ascensores, a los lugares abarrotados, a los túneles, a medios de transporte como el avión, el tren o el coche, entre otros.

Estas situaciones fóbicas consisten en un pánico a quedarse encerrado bajo diferentes formas en habitaciones demasiado pequeñas, en habitaciones sin ventanas, en ascensores, sobre todo si son estrechos y no tienen vista al exterior. Este miedo se presenta en muchas otras ocasiones, como aquellas que prevé el miedo vinculado a vestidos demasiado apretados que impiden respirar o pueden hacer morir asfixiado en un autobús o en el tren con las ventanas selladas. El motivo que hace que se experimente este miedo intenso es, normalmente, una sobrevaloración de la necesidad de oxígeno en un lugar cerrado. No es casualidad que, a menudo, estas personas intenten respirar profundamente de manera preventiva y así anticiparse a la situación temida para intentar evitar aquello que creen que puede suceder. No hay que olvidar, obviamente, el miedo al avión, que genera tres subtipos de miedo:

- Miedo a encontrarse en el aire, suspendido en el vacío y a que se pueda tener una crisis de angustia.
- Al segundo subtipo pertenecen las personas que se sienten atrapadas en el habitáculo y que temen perder el control y sumirse en una profunda y aguda crisis de ansiedad con pánico y otros síntomas relacionados. Estas, por lo general, son personas que hacen de todo por evitar los viajes en avión.
- Al último subtipo pertenecen las personas que temen que otros pasajeros puedan descubrir su fobia. Añaden, pues, a su ansiedad una dimensión social que les asusta hasta el punto de experimentar auténticos ataques de pánico cada vez que algún pasajero se interesa por ellos. También estos, como los que pertenecen al segundo subtipo, ponen mucho cuidado en evitar coger un avión.

- El miedo al avión representa un caso ejemplar de psicología del control. Quiero decir que, a pesar de que los viajes en coche implican un riesgo cotidiano bastante más elevado, la mayor parte de la gente se siente más en peligro en un avión porque no puede controlar la situación. El que pilota es un desconocido y, por tanto, no puede ser dominado. En el coche, en cambio, la persona tiene la sensación de tener mucho más control de su propia vida.

Miedos y fobias de los elementos naturales

Los principales elementos del ambiente natural que desencadenan estos miedos y estas fobias son las alturas y el vacío, las tormentas y los truenos, la oscuridad o el agua. Su intensidad varía dependiendo de la persona y, naturalmente, según el objeto de la fobia: para una persona que tiene un miedo excesivo a la altura, generalmente le será imposible también acercarse a la ventana de un primer piso. Por el contrario, una persona que tiene fobia al agua puede tranquilamente tocar el líquido o bañarse en una bañera, pero no bañarse en el mar, aunque no esté agitado, o, al menos, no donde haya profundidad. El miedo a la altura, llamado generalmente vértigo, es un miedo que más que cualquier otro puede experimentarse de modo indirecto. Es decir, ver a alguien acercarse al vacío es ya motivo suficiente para que se desencadene la ansiedad y el malestar en la mayoría de las personas que sufren esta fobia.

También el miedo al agua es bastante frecuente y normalmente representa algún impedimento para disfrutar de diversas actividades de ocio, puesto que las piscinas y las playas se convierten en lugares peligrosos. El miedo a la oscuridad está muy difundido entre los niños, pero las fobias de este tipo existen también entre los adultos.

Miedos y fobias a los animales

Los animales que a menudo suscitan miedo son los insectos, las ratas, las serpientes, los pájaros, los perros, los gatos o los caballos. Los miedos ligados a estas categorías de animales son los relacionados con una agresión o con sensación de disgusto o de repugnancia. Sin embargo no hay que pensar que no hay fobias intensas hacia animales que suelen considerarse agradables y que son apreciados, como, por ejemplo, las mariposas o las mariquitas.

El miedo a los animales parece que puede descomponerse en diferentes elementos (C. André, ibídem):

- El movimiento del animal. Algunos tienen miedo apenas ven moverse al animal que les provoca la fobia.
- El aspecto físico. A la persona que tiene fobia a las serpientes, por ejemplo, la aterroriza especialmente la forma de la serpiente; a menudo también ocurre que da miedo todo aquello que recuerde a una serpiente, como una rama en el suelo o un cinturón.
- El ruido. Para algunos el batir de las alas de una paloma o el zumbido de las abejas puede bastar para desencadenar los síntomas fóbicos.

Las fobias a los animales son a menudo bastante concretas. Por lo general, quien tiene miedo de las abejas no lo tiene de las palomas y viceversa. No obstante, también puede ocurrir que la fobia la despierte un grupo de animales; por ejemplo, quien sufre de fobia a las aves suele tener miedo a todo aquello que vuela, y quien sufre fobia a los insectos puede asustarse por todo aquello que es pequeño y se mueve.

Sin embargo, no se acaba aquí. Existe otro tipo de miedo.

El miedo a los demás, o las fobias sociales

Nos puede suceder a la mayoría de nosotros, antes o después, que nos sintamos a disgusto en situaciones sociales: cuando, por ejemplo, se trata de hablar en público, cuando nos encontramos con extraños que nos suscitan desconfianza, cuando queremos pedir un aumento de sueldo o cuando queremos declararle nuestro amor a alguien. Esta forma de aprensión puede variar de un nivel mínimo de miedo, superable, o bien llegar hasta un grado elevado que se manifiesta con:

- Malestar en las relaciones sociales.
- Miedo exagerado a la opinión de los demás.
- Tendencia a concentrar demasiado la atención sobre uno mismo, sobre los propios pensamientos o reacciones.

¿Pero, cuales son las situaciones sociales fuente de miedo? Las más frecuentes pueden ser tres (C. André, ibídem):

a) Hay que hacer algo ante un público

Es lo que ocurre cuando se tiene que superar una entrevista de trabajo, hacer una presentación en una conferencia, leer un texto durante una ceremonia. Este miedo está presente en la mayoría de las personas, con una diferencia principal entre una persona y otra que consiste en la capacidad de afrontarlo y superarlo. A la consulta de un psicoterapeuta llegan habitualmente personas que han tenido que renunciar a su propia carrera porque el miedo se ha impuesto a su talento y, sobre todo, sobre su capacidad cognitiva y conductual en afrontarlo y superarlo.

b) Estamos siendo observados

En esta categoría entran todas aquellas situaciones en las que nos sentimos bajo la atención de los demás: cuando andamos por una plaza, en un lugar público abarrotado de gente, cuando entramos en un entorno con muchas personas, cuando tenemos que sentarnos en un teatro y parece que los demás solo nos miran a nosotros. En otras palabras, en todas aquellas circunstancias en las que, de improviso, sentimos la mirada de los demás sin que necesariamente lo hayamos buscado.

c) Tenemos que destacar

Quién no recuerda con cierto disgusto la primera declaración de amor o una vez que tuvo que ir a pedirle al jefe un aumento de sueldo, o incluso tener que decir «no» a alguien. Son momentos muy delicados que normalmente no comportan problemas excesivos de miedo o fobia, al menos para la mayoría de las personas. Sin embargo, muchas otras sufren tanto en esos momentos que hacen que lleven a cabo intentos de evitarlos para no experimentar el miedo sordo que esas circunstancias consiguen desencadenar. Hay personas que no logran decir no y están obligadas a evitar cualquier tipo de interacción social, incluso entrar en una tienda y probarse un vestido porque luego no son capaces de salir sin comprarlo; otras evitan responder al teléfono porque tienen miedo a la idea de tener que decir que no a los muchos operadores telefónicos que llaman para ofrecer descuentos comerciales. Al principio el que desarrolla este tipo de fobia comete un error lógico de no poca importancia. Cambia su ceder por gentileza, sin darse cuenta de que es solo el miedo a la reacción de los demás, a perder su aprobación, lo que le empuja a decir que sí aunque quisiera decir lo contrario. Cuando, finalmente, logra comprender que no es gentileza el decir siempre que sí, sino miedo, es cuando consigue afrontarlo y superarlo.

Ahora demos otro paso hacia delante y descubramos...

Lo que dicen las teorías

En los últimos cien años de investigación clínica los investigadores del ánimo humano se han fijado el objetivo de buscar las causas de los miedos y de las fobias. A partir del siglo XIX, los caminos recorridos han sido los más diversos: biológicos, degenerativos, del carácter, sociales, relacionales, etc. Con la llegada de Freud y del psicoanálisis, que coincide con el inicio del siglo XX, las fobias se convirtieron para la comunidad científica de la época en síntomas evidentes de un conflicto inconsciente y el resultado de mecanismos de defensa destinados a proteger el yo.

Según el *modelo psicoanalítico*, los trastornos fóbicos pueden ser reconducidos a un conflicto no resuelto entre el Ello, el Yo y el Súper yo. Si en la infancia la pulsión del Ello, dirigida a la expresión sexual o agresiva, es severamente obstaculizada, le sigue la formación de un súper yo rígido y vigilante que la persona advierte en forma de oscuras prohibiciones internas que sería terrible violar. En otras palabras, los estudiosos de la escuela freudiana creen que la dificultad tiene su origen en el hecho de que los impulsos del Ello han sido tratados con excesiva severidad durante la infancia.

El *modelo conductual* considera que una fobia es una respuesta de miedo a un estímulo particular. Suponed, por ejemplo, que cuando erais niños fuisteis atemorizados, una noche, por los truenos de un fuerte temporal y que, como consecuencia, desarrollasteis un miedo intenso al color azul, el color de la habitación donde os encontrabais. El azul (estímulo condicionado), por casualidad simultáneo al ruido del trueno (estímulo incondicionado), os produce ahora la misma intensa sensación de miedo. Esta, aprendida por condicionamiento, es reforzada por una reducción del miedo cada vez que evitáis el color azul. Dicho de otro modo, la constante evitación os impide daros cuenta de que en realidad aquello que intentáis evitar es inocuo.

Según este modelo, los comportamientos de ansiedad pueden ser explicados esencialmente del mismo modo. La única diferencia reside en el número de los estímulos condicionados que contribuyen a causar la reacción de miedo. Volvamos al ejemplo del temporal; además del color azul, podríais temer muchos otros estímulos sufridos aquella noche —la ropa apoyada en la silla, los juguetes, los sueños que teníais antes de que los truenos os despertaran, el propio sueño—. En este caso vuestra ansiedad acabaría por tener un carácter general, fluctuante, sin una evidente ligazón con un estímulo preciso. Es probable que experimentaseis miedo en muchas ocasiones de modo que vuestra ansiedad tendría un carácter general y fluctuante, sin una evidente relación con un desencadenante concreto.

Por lo que respecta a las obsesiones y las compulsiones fóbicas, en cambio, este modelo teórico las considera reacciones aprendidas, reforzadas por su capacidad de reducir la ansiedad generada por la fobia. Por ejemplo, lavarse compulsivamente las manos muchas veces al día podría ser considerado un mecanismo de defensa al miedo obsesivo a enfermar. Sin embargo, no es necesario que el miedo sea tan concreto. Si se consigue reducir o evitar la ansiedad con un determinado acto se tenderá a repetirlo en caso de peligro, real o imaginario, porque si las obsesiones provocan ansiedad, los comportamientos ritualizados o las compulsiones la reducen. Diferentes estudios relacionados con personas obsesivo-compulsivas indican que, en efecto, tras la ejecución del acto compulsivo la ansiedad disminuye.

El *modelo cognitivo* sostiene que los trastornos fóbicos se desarrollan a causa de asuntos irracionales. Por ejemplo, hay personas que creen que, si alguien desaprueba algo que han hecho, pasan a no valer nada. Por eso, intentan evitar en cada interacción la desaprobación ajena y cuando las critican padecen las penas del infierno. También hay quien asume que tiene que hacerlo todo a la perfección, y así generan expectativas imposibles de satisfacer y alimentan la ansiedad y las disfunciones que la caracterizan.

El modelo cognitivo conjetura que los estados de ansiedad, generados por el miedo, son causados por los repetidos intentos de resolver un problema de la vida real y, al mismo tiempo, por la incapacidad en conseguirlo. Cada fracaso causaría un aumento de la ansiedad. Según este modelo nuestra sociedad favorece el desarrollo de estados de ansiedad al empujar a las personas a tener éxito sin proporcionarles los instrumentos para lograrlo.

Siempre en el ámbito del modelo cognitivo, ha ganado terreno la hipótesis de que los estados de ansiedad se caracterizan por la distorsión de la atención. Esta privilegiaría la elaboración cognitiva de los estímulos amenazadores respecto a la de los estímulos no amenazadores. Las personas ansiosas estarían, por lo tanto, más atentas a las señales de amenaza y, por ello, es probable que perciban el mundo diario como más peligroso que el resto de las personas.

El *modelo biológico*, finalmente, indaga sobre las causas orgánicas de las ansiedades y las fobias buscando datos empíricos que se apoyan en esquemas de comportamiento hereditario. En el curso de los años los experimentos han llevado a los investigadores a la conclusión de que puede existir una determinación genética en el trastorno de pánico. Muchos datos hablan de una alta incidencia de trastornos de ese tipo entre los padres de personas con trastorno de ansiedad.

En conclusión, se puede extraer una lección general: Si bien queda mucho por descubrir, estamos en el buen camino para entender las condiciones patológicas. Nos hemos alejado de la idea de que tenían causas sencillas y podían ser explicadas por una sola teoría.

De modo que las cosas están así. Todos los profesionales de la salud tendrían que evitar enrocarse en su propio modelo teórico y dejar de defenderlo a capa y espada, porque, como dice Gregory Bateson «aquellos que huyen por completo de la idea de que no es posible haberse equivocado no pueden aprender nada, solo la técnica».

Sin embargo, más allá de los modelos teóricos que buscan explicarnos por qué tenemos miedos y fobias, ¿qué podemos hacer en concreto?

Distraernos del miedo, intentar escapar de él...

Los miedos de los que intentamos escapar nos siguen, y antes o después nos alcanzan

El miedo domina cualquier tipo de inteligencia. Y todo aquel que sufra por ayudarse oscila entre el intento de control y el comportamiento de fuga. Presento, como ejemplo, el caso de una mujer muy joven, madre de dos niños, que había desarrollado una auténtica fobia hacia los cuchillos. La mujer, convencida por imaginaciones angustiosas de que podría matar a sus propios hijos, había empezado a evitar tocar o acercarse a cualquier objeto cortante o punzante y acabó por hacer desaparecer de su casa todos los utensilios potencialmente peligrosos. Su miedo excesivo estaba amenazando su calidad de vida; una cena en un restaurante, unas vacaciones, un momento de relax con sus propios hijos daba lugar enseguida a imágenes angustiosas que le arruinaban el momento. Su miedo excesivo nacía de una imaginación exagerada y se alimentaba con el comportamiento que llevaba a cabo: evitar cuchillos y cualquier tipo de material que pudiese hacer daño a alguien. La mujer había estudiado muy a fondo su propia situación y durante algunos años se había sometido a una terapia analítica que la había llevado a examinar toda su infancia, la relación con sus padres, la adolescencia y la relación con los hombres en general, pero, a pesar de todo ello el problema continuaba existiendo.

Evitar una cierta situación que nos asusta y nos aterroriza puede ser a veces sensato, como por ejemplo aventurarnos por un sendero de montaña peligroso, pero por el contrario, es deletéreo cuando lo evitamos solamente porque somos débiles ante las imágenes de nuestra mente aunque no existan precisamente problemas objetivos por los cuales se deba evitar. Quien sufre de fobias, a causa de ser hipersensible, tiende a huir y a evitar situaciones que lo asustan. Organiza los días de tal manera que no se arriesga a encontrarse en la situación que podría llevarlo al pánico, y lo hace con la consciencia de que esta acción es capaz de disminuir realmente la angustia que experimenta. Esto, en cierta manera, es precisamente lo que verifica al principio. Evitar una situación crítica, en efecto, procura un alivio inmediato, aunque sabemos que, por el bien conocido mecanismo de la dependencia que se instaura entre el alivio de la ansiedad y la evitación, pronto se verá forzada a evitar cada vez más. La evitación se convierte en una especie de manta corta que, tires por donde tires, siempre deja al descubierto algo de nosotros.

Veamos cuáles son las principales evitaciones (C. André, ibídem) que se llevan a cabo ante miedos excesivos.

Evitación de situaciones

Es el caso, por ejemplo, de las personas que evitan lugares y situaciones en los que piensan que se encontrarán mal por el miedo, como toparse con cosas o animales que te asustan, encontrar personas dispuestas a opinar sobre uno y a valorarlo, sentirse agobiado en un lugar estrecho o cerrado.

Evitación de imágenes y de palabras

Es el caso del que evita mirar la televisión, fotografías, oír la radio, leer un libro o todo aquello que podría llevarlo al objeto del miedo. Como si pudiera de alguna manera conseguir no pensar. En realidad este esfuerzo le lleva a pensar precisamente en lo que quiere evitar. Sería como pedir no pensar en un elefante. Ya lo estamos pensando.

Evitación de sensaciones

Hay personas que asustadas por la idea de poder experimentar algunas sensaciones, en general físicas, evitan subir escaleras para no notar como late el corazón, evitan vestirse con ropas demasiado estrechas, o ponerse ropa demasiado pesada para no sudar.

Otro intento que llevan a cabo los que sufren miedos excesivos, además del citado, es el de observarse demasiado. Por lo general, el que se concentra demasiado en sí mismo desarrolla con el tiempo una observación aguda y atenta sobre todo lo que sucede en su propio ambiente interno y externo. Como los animales de la sabana que, asustados, están continuamente en busca de señales amenazadoras, el que tiene un miedo excesivo busca en su propio cuerpo o en el ambiente exterior las señales inminentes del malestar. Así una persona con una fobia social observará mejor que cualquiera los indicios de agresividad y desconfianza en la mirada de los demás. Una persona con fobia a las arañas verá una telaraña muy pequeña a simple vista incluso en un ambiente de confusión. En conclusión, una persona que tiene una fobia concentra su atención de modo patológico en:

- Sus miedos.
- Evitar mirar el entorno de modo natural y, por el contrario, escrutarlo.
- Construir escenarios catastróficos al objeto de anticipar lo peor.
- Sus sensaciones, obsesivamente.

Por lo tanto, quien sufre una fobia no está simplemente atento sino hipervigilante, y dispone de una capacidad particularmente aguda de extraer del contexto las informaciones necesarias para la interpretación fóbica del mundo y de la vida. El problema de esta hipervigilancia automática es que una vez determinado el objeto, el animal, la situación potencialmente peligrosa o la sensación angustiosa, no queda más alternativa que la huida; o, cuando no es posible, el sufrimiento angustioso de vivir la experiencia entre la imposibilidad de la fuga y el continuo control de las sensaciones y de los propios pensamientos.

Por desgracia, y de modo bastante frecuente, los miedos no suelen permanecer como tales, sino que se transforman en algo más difícil de tolerar.

Cuando el miedo empieza a rodar
se convierte pronto en una avalancha: el pánico

Precisamente como una avalancha imprevista, el pánico se manifiesta de modo devastador, un fenómeno de breve duración pero tan violento que proporciona a la persona la sensación de muerte inminente. Es el trastorno psicológico más conocido y antiguo y, en estos últimos tiempos, también el más difundido.

El término pánico tiene su origen en el nombre del dios Pan, divinidad de la mitología griega protectora de las energías vitales, amante de la música y de la danza, patrón de la siesta. La leyenda mitológica cuenta que la diversión preferida del dios Pan consistía en aparecer de improviso ante gente que dormía en su descanso vespertino y les provocaba sensaciones de terror. La víctima de la broma entraba en tal estado de angustia que tenía la impresión de que estaba a punto de morir.

Análogamente a las sensaciones de los pobres desventurados de la narración mitológica, las personas que sufren ese trastorno experimentan en cada ataque un terror incontrolable como en una condena, con sensaciones físicas de dolor, sofoco, aturdimiento y vértigos. Síntomas que inducen a las personas con ataques de este tipo a creer que su trastorno es algo de corazón. El mismo Freud estaba firmemente convencido, porque padecía desde hacía tiempo de ataques de pánico, de que tenía una patología cardíaca. Con el paso del tiempo reconoció que no tenía nada en el corazón y llamó a su trastorno neurosis de angustia.

La mayoría de las veces el episodio surge de repente y dura desde unos pocos minutos a algunas horas. Para volver a un estado de «quietud» la persona necesita un día o incluso más.

En general el ataque de pánico comporta despersonalización, o la impresión de estar alejado del propio cuerpo, y desrealización, es decir, la sensación de que el mundo no es real.

La presencia del trastorno de pánico en nuestra sociedad es muy acusada, sobre todo entre las mujeres de 18 a 35 años. Es más fácil que aparezca por primera vez en períodos de fuerte estrés, dificultades en el trabajo, ambientes nuevos, pérdida afectiva o tras una enfermedad. Por otra parte, parece que los ataques de pánico son más frecuentes entre personas metódicas y que controlan mucho sus acciones y emociones.

Las complicaciones debidas a los ataques de pánico pueden ser diversas. Veamos algunas:

- Tras el primer ataque la persona empieza a vivir en el terror de que pueda volver a suceder y evita repetir el acto o encontrarse en el lugar en el que se produjo el ataque.
- El temor al lugar o a la acción desarrolla un comporta-

miento fóbico, que consiste en hacer cualquier cosa con tal de evitarlos.

- El temor de quedar mal ante los demás en un momento de pánico induce a quien lo padece a evitar situaciones sociales o hace que las viva como experiencias desagradables.
- Cuando las tres situaciones anteriores se prolongan en el tiempo, la persona puede deslizarse hacia un estado depresivo importante.

Para que se entienda mejor la vivencia angustiosa del que recibe el golpe de un ataque de pánico, aquí está la descripción de una persona que lo sufrió: «Estaba en una tienda abarrotada cuando de repente tuve un ataque de pánico. Estaba aterrorizada por el miedo. Si me hubiera encontrado en una jaula de leones hambrientos y hubiera sabido que iba a morir descuartizada quizás hubiera sentido menos terror. Noté que todo se volvía oscuro y que me iba a desmayar, pero no ocurrió. El corazón me latía con fuerza y deprisa, como si quisiera escapar del pecho, tenía las manos heladas y las piernas no me sostenían. Me costaba respirar y pensaba que iba a enloquecer de un momento a otro. Sin embargo, lo más angustioso era que, a pesar de que quería correr y huir, permanecía allí, paralizada, sin conseguir dar ni un pasito».

Vayamos a los aspectos más técnicos del problema. En cuanto a las circunstancias que lo desencadenan, hay tres tipos de ataque de pánico:

- Ataque de pánico inesperado (no provocado). No se caracteriza por un acontecimiento desencadenante, sino que se manifiesta de repente, sin previo aviso.

- Ataque de pánico causado por una situación (provocado). Se presenta siempre en concomitancia con una determinada situación angustiosa, que lo desencadena.
- Ataque de pánico sensible a la situación. Es más probable que se manifieste en concomitancia con una determinada situación, pero esto no ocurre siempre o no siempre de la misma forma.

En las tres situaciones, el pánico, forma extrema del miedo, es una reacción física y psíquica de imágenes mentales. Estas imágenes, que activan la respuesta fóbica, pueden originarse por experiencias vividas realmente o por experiencias imaginadas. Por ejemplo, se puede desarrollar una reacción de ansiedad al miedo a caminar solo en una calle oscura, tras haber sido agredido en una ocasión concreta (experiencia real); pero también puede ocurrir que se manifieste el mismo tipo de pánico con solo imaginar una agresión (experiencia imaginada). En el primer caso, la respuesta de ansiedad es consecuencia de acontecimientos externos; en el segundo, de factores internos, psicológicos pues, causados en realidad por la mente de quien los padece (que se vuelve demasiado atenta y en constante estado de alarma por otros factores: estrés, problemas en el trabajo o de familia, debilidad física o tras una enfermedad, etc.).

En ambos casos, una vez llegadas a la mente, las imágenes producen reacciones en las que se involucra todo el organismo: el latido cardíaco aumenta, la respiración se acorta, se empieza a sudar, entre otras manifestaciones. Son precisamente estos cambios fisiológicos los que producen la sensación de pérdida total del control, de poder morir o enloquecer. Las reacciones físicas habitualmente asociadas con el trastorno de pánico son las siguientes:

- Palpitaciones y taquicardia.
- Sudoración.
- Temblores, incluso grandes convulsiones.
- Dipnea o sensación de sofoco.
- Sensación de asfixia.
- Dolor y molestias en el pecho,
- Náuseas o trastornos abdominales.
- Sensaciones de desorientación, de inestabilidad, de ligereza o de desvanecimiento.
- Desrealización (sensación de irrealidad) o despersonalización (estar separado de uno mismo).
- Miedo a perder el control o a enloquecer.
- Miedo a morir.
- Sensaciones de entumecimiento y hormigueo.
- Escalofríos o sensación de calor.
- Deseo apremiante de huir del lugar en el que se encuentra.

Cuando se advierte la sensación de no poder controlar lo que está sucediendo, más empeoran las imágenes mentales, y más aumentan las reacciones fisiológicas que, a su vez, incrementan las imágenes y así sucesivamente, en un círculo vicioso patológico.

Pensamientos e imágenes mentales (cada vez) más desagradables

Control y atención excesivos hacia las reacciones del cuerpo

Empeoramiento de las imágenes mentales, agravado por las preocupaciones físicas

Empeoramiento de los síntomas físicos debido a la atención excesiva

Aumento de las pulsaciones, de la sudoración, etc.

De todas maneras, el trastorno de pánico no es solamente el fruto de mecanismos psicofisiológicos, sino también una particular modalidad de respuesta a ellos. Si las reacciones mentales y físicas lo activan, los intentos para poner freno a la situación lo alimentan y lo hacen persistir. Eliminando las condiciones que alimentan y hacen que persista el ataque de pánico, se eliminan también los factores que lo activan: es decir, las reacciones ineficaces.

Cuando una persona experimenta la percepción del miedo, sus reacciones inmediatas e instintivas son las orientadas a la supervivencia: huir de lo que le amenaza, buscar protección, luchar contra lo que le asusta.

El problema está siempre en la medida, es decir, en la cantidad correcta. Por ejemplo, instalar un sistema de alarma si ha habido robos en el barrio es una reacción normal al miedo; atrancar puertas y ventanas también de día, y también si se vive en el cuarto piso, es, en cambio, una reacción excesiva.

En estos casos, la percepción de la dosis «correcta o excesiva» de ansiedad está, a menudo, falseada por el hecho de que, como ya se ha explicado, las reacciones con que la persona afectada intenta controlar el ataque funcionan, al menos al principio, es decir, conllevan algún beneficio. Esta eficacia es, sin embargo y por desgracia, de breve duración, y se transforma, en cambio, en la peor de las soluciones.

Piensa, por ejemplo, en un cubo vacío colocado bajo un techo que tiene una gotera. Al principio, tu problema parece resuelto; sin embargo, cuando el cubo está lleno, toda el agua se derramará sobre el suelo y el problema será peor que antes. El secreto en estos casos es resolver el problema de raíz (reparar el techo), en vez de continuar colocando cada vez más cubos por todos lados.

A menudo, sin embargo, el uso de cubos te parece, cuando sufres ataques de pánico, la única solución posible y sensata. El pánico, como el techo con goteras, empeora posteriormente cuando, alarmado y con la intención de ayudarte, procuras:

• *Controlar* las reacciones dirigiendo continuamente la atención a las respuestas fisiológicas (pulsaciones, respiración, sudoración, etc.). Precisamente por la naturaleza espontánea y automática de esas respuestas, en el momento en que intentas tenerlas bajo control, en realidad, lo que ocurre es que las alteras. Esa alteración te asusta y te lleva a intentar controlar más, y así sucesivamente. Por ejemplo, intenta concentrarte en la sensación de calor y de frío que experimentas, en este momento, en las manos. Notarás que en poquísimos segundos las manos se vuelven hipersensibles a la temperatura exterior. Sin embargo, la causa de este cambio fisiológico reside precisamente en la «atención» de la mente.

- *Evitar* las condiciones y las situaciones en que has sufrido algún ataque de pánico precedente, o las situaciones en que piensas que podría sucederte. No obstante, haber evitado la sensación temida te confirma su peligrosidad, o bien tu incapacidad, y eso hace aumentar el miedo para situaciones sucesivas. De este modo la evitación conduce a otra evitación, y así sucesivamente, hasta llevarte a la más completa incapacidad de afrontar cualquier situación. Recuerdo una entrevista que leí una vez a una pareja israelí-palestina, que vivía en una zona en constante riesgo de atentados y violencia. El periodista les preguntó a los dos cómo hacían para salir de casa, si no tenían miedo a morir, si no era mejor salir lo menos posible. Sin embargo, ellos respondieron: «Sí que tenemos miedo a morir, pero salimos. De otro modo, ya estaríamos muertos».

- *Pedir ayuda* para afrontar las situaciones que consideras críticas. De este modo te conviertes en dependiente de los demás, en aquellos en quienes confías porque tienes sensación de seguridad y protección. Pierdes confianza en tus capacidades y construyes relaciones insanas, viciadas por el miedo y por la necesidad. Además, el creciente sentimiento de desconfianza no hace más que acrecentar el miedo.

Entonces, ¿qué hay que hacer?

Intervenir con eficacia

Hay numerosos métodos con los que se puede intentar resolver el problema. A algunas personas les gusta dirigirse a un especialista al primer síntoma. Puede tratarse, con la misma probabilidad, de personas sanas y decididas a resolver la más mínima complicación desde que se se presenta, o bien de personas «psicológicamente hipocondríacas», aterrorizadas por la idea de poder perder el control y que necesitan continuamente ser atendidas y tranquilizadas. Del mismo modo, otras personas evitan cuidadosamente recurrir a la ayuda profesional e intentan aceptar y pactar con su propio malestar por su cuenta. También en este caso, esta reacción ante el problema puede indicar igualmente una gran debilidad (tendencia a esconder la cabeza bajo el ala dejando las cosas sin resolver) o una gran fuerza psíquica (determinación a arreglárselas solo, consciencia de la propia responsabilidad personal ante uno mismo). La reacción más adecuada frente a los problemas consiste en probar cuantas más soluciones posibles mejor.

Este libro ha sido concebido precisamente como uno de los posibles caminos que te pueden llevar, de manera guiada pero siempre independiente, a la resolución del problema; si las estrategias que se proponen no funcionasen, puede ser que el problema se haya infravalorado y que sea precisa una intervención menos «casera», o bien que las estrategias y el esfuerzo no se hayan aplicado como debería ser. Se conocen casos en los que unas sencillas indicaciones han resultado de gran ayuda a personas que presentaban un cierto malestar.

Una mujer de cuarenta y tres años deseaba encontrarse con su marido, que había emigrado a Brasil. Durante una buena parte de su vida había decidido quedarse en Italia cuidando a los hijos mientras el marido vivía en el extranjero. Solo había estado en Brasil unas pocas semanas. Ahora que los hijos habían crecido y podían quedarse solos en Italia, la mujer había decidido vivir más tiempo en Sudamérica, quizás en intervalos de cuatro meses allí, cuatro en Italia, y así sucesivamente.

Ya había estado muchas veces a punto de dar el gran paso, pero siempre lo dejaba estar. Unas veces por miedo a volar, otras por una indisposición repentina. Su marido empezaba a impacientarse. Me telefoneó a pocos días de su partida, menos de una semana antes, sin estar aún del todo segura de subir al avión. No había tiempo para una terapia. Le pedí que me explicara en pocas palabras su problema.

Dijo que la idea de vivir en Brasil le producía auténtico pánico. Le pedí más detalles y me contestó que temía encontrarse mal mientras estaba en el extranjero y no poder tener los cuidados adecuados por falta de un buen servicio sanitario. Sin embargo, no sabía nada de los hospitales brasileños y había construido su miedo a partir de sus propias fantasías. Comprendí inmediatamente que la fobia que contaba ocultaba otra, y haciéndole preguntas, conseguí que se concentrara en el miedo real: temía morir lejos de sus hijos y no poder tenerlos a su lado. Se trataba, por un lado, de una mujer que había sacrificado toda su vida conyugal por el crecimiento y la educación de los hijos, y ya adultos seguían siendo lo más importante para ella. La idea la aterrorizaba hasta tal punto que ni siquiera podía pensar en ello. De este modo, había camuflado el pánico real con uno imaginario (el miedo a servicios asistenciales deficientes), más fácilmente tolerable.

Le aconsejé que cada día, hasta su partida, se concediera exactamente veintiún minutos para pensar en las cosas peores que podrían sucederle una vez que llegara a Brasil. Durante veintiún minutos tenía que dejarse llevar por las fantasías más catastróficas que le pasaran por la cabeza. Le dije que me llamara cuando estuviera en Brasil para decirme cómo le iban las cosas. Al analizar sus miedos, en lugar de camuflarlos o esconderlos, la mujer se dio cuenta de que el terror de no volver a ver nunca más a su seres queridos es realmente natural y universal, y golpea tanto a los que viven lejos como a los que viven en el mismo rellano. Me telefoneó desde Brasil y me contó que su miedo, afrontado de cara por primera vez, se había vuelto del todo inconsistente.

Otro caso fue el de una mujer, de treinta y dos años, esta vez emigrada a Alemania junto a su marido. Se habían trasladado a un pueblecito muy pulcro. El marido, por trabajo, tenía que invitar a cenar a menudo a algunos colegas para preparar reuniones y conferencias. Condicionada por la pulcritud del lugar, la señora había desarrollado una auténtica manía por el orden y la limpieza. Temía la suciedad y las bacterias, y dedicaba todo su tiempo a ordenar, desinfectar, arreglar y abrillantar la casa con un celo maníaco.

Me telefoneó desde Alemania, preocupada por su excesiva necesidad de orden. Me había localizado por Internet y me solicitaba una consulta telefónica, porque no podía ir a Italia antes de Navidad, y estábamos en junio.

Tras intercambiar algunas palabras y algunas reflexiones, surgió que su auténtica fijación no era la suciedad sino el temor de que su casa, y, en consecuencia, ella misma, no estuvieran a la altura de las frecuentes reuniones que tenían lugar en el salón. Le pregunté si temía la opinión de sus invitados, pero, para mi sorpresa, me dijo, en cambio, que temía quedar mal precisamente a los ojos de su marido.

De modo que le aconsejé que continuara limpiando y ordenando como antes, pero que dejara cada día, a propósito, un pequeño detalle sucio o desordenado. Después tenía que prestar atención a la reacción de su marido. ¿Se daba cuenta? En caso afirmativo, ¿qué le decía? Y ella, ¿cómo se sentía frente a sus críticas?

Después de un par de semanas la mujer me volvió a telefonear y me explicó que había dejado fuera de su sitio una cosa cada día. De hecho, el marido no se daba cuenta o si lo hacía, se reía; incluso, la mujer, una noche, retrasó voluntariamente la cena que éste tenía con un matrimonio de colegas, y actuando de este modo se había ganado la simpatía de la mujer de su invitado, que le confesó que ella también siempre iba retrasada en todo. Su problema se había resuelto en parte.

Un hombre de cuarenta años, de una pequeña ciudad del sur de Italia, hacía seis meses que casi no salía de casa porque tenía miedo de hacer gestos extraños o extravagantes. Temía perder el control de la voz, de las extremidades, de empezar a hacer muecas y gritos. Perder completamente el control y de que, por ello, lo consideraran loco. Obviamente, las pocas veces que había intentado salir se había puesto tan nervioso que podía sentir como vibraba cada músculo y cada nervio, y eso le había reforzado la convicción de que no tenía el control de su propio cuerpo.

Le aconsejé, como primera medida, que empezara a fijarse en toda la locura que hay en los demás. Cada día tenía que salir a la puerta de su casa, observar a la gente que pasaba y escoger de entre todos a la persona más rara. También tenía que intentar comprender por qué, de entre la gente, había seleccionado precisamente un determinado loco en lugar de otro.

Me telefoneó porque había hecho un descubrimiento extraordinario: ¡su ciudad parecía estar llena de locos! «Aquí todos son raros, doctor», anunció triunfante. Le dije que si quería ver gente incluso más extraña, quizás podía alejarse de la puerta de su casa y sentarse en un bar, desde donde tendría un panorama óptimo de la locura característica de su ciudad. Entre la muchedumbre tenía que continuar buscando los otros locos como él y reflexionar sobre cómo los había reconocido.

Cuando me llamó de nuevo había comprendido la estrategia. «¡Ya sabía que era un truco!», rió. Con la excusa de ir a observar las otras personas locas como él, no se había dado cuenta, en aquel momento, de que había salido de casa y de que había disfrutado de unos buenos momentos en el bar, sereno y tranquilo.

El recorrido para salir de los miedos

Te estarás preguntando cómo va a desarrollarse tu recorrido. Es natural. Y quizás sentirás curiosidad. Bien, la mejor actitud es precisamente la de estar predispuesto con curiosidad. Sin embargo, antes de adentrarse en las estrategias, permíteme que te diga como tienes que utilizar las indicaciones:

- **Sin trucos ni autoengaños.** A veces se toman atajos, es lógico. Escogemos siempre el camino más fácil porque no queremos esforzarnos... e inventamos muchas excusas para justificar nuestra falta de compromiso. Por ejemplo, *empiezo después del verano porque ahora hace demasiado calor...* o comienzo el lunes, mientras tanto disfruto de este fin de semana... y así sucesivamente.
- **Con todo aquello que está en tus manos.** Trabaja duro, como un corredor, que no ceja hasta que no ha alcanzado la meta.
- **Con un sentimiento de urgencia.** Esfuérzate como si no pudieses vivir más en la situación actual. Sin ninguna concesión al malestar, sin contentarse.

- **Con confianza.** Basta con una poca, pero esa poca es necesaria. A menudo aumenta tras algunos días, al conseguir mejoras, cuando los miedos empiezan a dar menos miedo.
- **De principio a fin.** Utiliza este manual como si fuera un recetario, que te guía paso a paso hasta sacar fuera del horno el más bello y más sabroso de los pasteles. Un ingrediente tras otro, en el orden en que se te indican.
- **Con honestidad.** No existe ninguna cura mágica que pueda funcionar si tú no lo quieres. Pregúntate con sinceridad si quieres explotar el potencial de las estrategias y compórtate en consecuencia. En caso positivo empieza a leer, si no déjalo de lado.
- **Con precisión y disciplina.** ¿De qué sirve ser superficiales? Hay que renunciar siempre a la dejadez cuando se trabaja en la solución de problemas, precisamente como se tendría que renunciar siempre en la vida.
- **Con esfuerzo.** No vale la pena emprender ningún camino si no se intenta hacerlo al máximo de nuestras posibilidades, aunque esto signifique soportar el cansancio inicial. A fin de cuentas, la satisfacción de haberlo dado todo es lo mejor para animar la moral. Hay que poner toda la carne en el asador, sin buscar excusas.
- **Con voluntad de experimentación.** Lee, ponlo en práctica, observa. Y, obviamente, avanza. Haz la suma solo al final, tras haber observado los hechos, precisamente como un buen investigador.

- **Evitando con cuidado cualquier actitud que pudiera comprometer el éxito.** Ir por libre, tener prisa, entusiasmarte o desanimarte demasiado, sacar conclusiones antes de haber llegado al final, contentarte con resultados parciales.

Primera semana: la estrategia de los veintiún minutos una vez al día

Te espera una pequeña tarea diaria que dura veintiún minutos.

Cada día, durante siete días, a la misma hora, deberás dedicarte ese tiempo, siempre a la misma hora y en mismo sitio. Si tienes compromisos inaplazables de trabajo que te impidan encontrar veintiún minutos de libertad, puedes hacer una pequeña excepción; intenta organizar anticipadamente las tareas de toda la semana, de manera que todos los días, durante siete días, tengas a tu disposición este tiempo libre, a la misma hora, en el mismo sitio, para dedicarte a ti mismo.

Una vez establecido el momento adecuado, tendrás que escoger un lugar físico de tu casa: una habitación donde nadie pueda molestarte, en la que puedas estar tranquilo durante 21 minutos seguidos. Tendrás que entrar, cerrar la puerta, coger un despertador, ponerte cómodo y en una posición relajada, la que tú prefieras. Será la posición que tendrás que adoptar durante toda la semana, así que tienes que estar cómodo. Escoge tú si estar tumbado o sentado; lo importante es que el ambiente y tu cuerpo estén tranquilos, relajados.

Coges el despertador y lo colocas de modo que suene a los 21 minutos.

Desde ese momento hasta que suene el despertador tendrás que, de modo voluntario, pensar en todas las situaciones y circunstancias que te asustan: en todos los lugares en los que piensas que puedes estar mal, en todos los lugares en los que has estado mal o que podrías estar mal. Concéntrate en las imágenes y en los pensamientos a recordar. Proyéctalos en una pantalla imaginaria: esta vez te verás en el exterior como si fueras el protagonista de una película. Siempre desde fuera, observa como tu Yo reacciona ¿Reacciona, no reacciona? Obsérvate en el instante mismo en el que sobreviene el ataque, desde fuera, y observa lo que sucede en esta pantalla. Al rememorar todas estas imágenes, proyectándolas en la pantalla delante de ti observa si te producen ansiedad o no y, en ambos casos, continúa.

Transcurridos esos 21 minutos, deberás levantarte, salir de la habitación y retomar tus actividades habituales. Cada día, hacia el final de la jornada, en el espacio correspondiente de la ficha diaria, explica qué ha sucedido durante la tarea y fuera de la tarea.

¿Te asustaban las imágenes o no?

Y, lo más importante, ¿qué te ha sucedido durante el día siguiente, fuera de la tarea? ¿Has continuado experimentando la misma cantidad de ansiedad o ha disminuido?

Ejemplo:

¿Qué sucedía en la tarea?
No conseguía pensar en los miedos.
Los miedos llegaban pero yo no me
sentía mal. Los miedos me han hecho
sentir muy mal, etc.

¿Cómo he estado fuera de la tarea?
Los miedos han disminuido / permanecido invariables... He estado un poco mejor de lo habitual...
He estado como siempre, ninguna diferencia...

A continuación encontrarás una lista de los días de la semana, a fin de que puedas tener una especie de diario puesto al día. Esto te permitirá controlar y observar mejor los cambios. No te lo tomes a la ligera y haz las anotaciones todos los días. Es importante. Además, cada día encontrarás otro pequeño ejercicio. En realidad es un experimento que te pido que lleves a cabo, un pequeño ejercicio que te permitirá vivir tu problema de una manera completamente nueva. Cada día te sugeriré un ejercicio diferente, de modo que puedas experimentar cuál puede encajar mejor a tu caso.

Primer día

¿Qué sucedía?

_____

_____

_____

_____

_____

_____

_____

¿Cómo he estado?

_____

_____

_____

_____

_____

_____

_____

_____

Ejercicio número 1

La mayoría de las personas que sufren ataques de pánico intentan alejar los miedos tranquilizándose o procuran distraerse pensando en otra cosa. Por el contrario, puede ser de ayuda anticipar los miedos, programarlos. Por ejemplo: si estás saliendo de casa y sientes ansiedad por sentirte mal en cualquier parte, en vez de moverte intentando mantenerte calmado y tranquilo, puedes intentar concentrarte en hacer que el miedo o el malestar lleguen cuando tú lo digas. Dite a ti mismo: «Quiero sentirme mal antes de cruzar la puerta de casa, o antes de sentarme en el coche». Por paradójico que parezca, precisamente al programarlos, los miedos no solo no llegan sino que disminuyen con el transcurso de los días[1].

---

[1] Esta técnica se debe a Milton H. Erickson, psicoterapeuta y padre espiritual de la terapia estratégica. En un caso con un paciente aquejado del temor a desmayarse en ciertos lugares, en particular en un determinado restaurante, Erickson lo invitó a cenar y tras haberle prescrito que programara cuidadosamente el desvanecimiento, lo distrajo de sus miedos haciéndole pensar en una serie de situaciones embarazosas. El joven no se desmayó y, en cambio, readquirió valor y el síntoma desapareció. La anécdota se puede leer en Haley, J., *Terapia no convencional*, Amorrortu Editores, 1980.

Segundo día

¿Qué sucedía?

_____

_____

_____

_____

_____

_____

_____

_____

¿Cómo he estado?

_____

_____

_____

_____

_____

_____

_____

_____

Ejercicio número 2

Si los miedos pueden llegar en cualquier momento, intenta programarlos a fin de que sucedan a una determinada hora del día. Dite a ti mismo: «Hoy quiero que lleguen alrededor de las cinco de la tarde». Espera a la hora elegida y continúa preparándote para recibirlos. Gracias a la paradójica intervención que has llevado a cabo, es probable que lleguen. Con el paso de los días podrás asistir a su progresiva disminución[2].

---

[2] También esta segunda estratagema está construida a partir de la terapia ideada por Milton H. Erickson, según el cual todo pensamiento negativo o desagradable puede ser eliminado a través de una prescripción paradójica, o una indicación que sugiere hacer o inducir de modo voluntario precisamente aquello que se quiere eliminar. Cfr. J Haley, *Terapia no convencional,* op. cit.

Tercer día

¿Qué sucedía?

_____

_____

_____

_____

_____

_____

_____

_____

¿Cómo he estado?

_____

_____

_____

_____

_____

_____

_____

_____

_____

Ejercicio número 3

Si no quieres convocar anticipadamente a los miedos o pensamientos indeseables porque temes que puedan llegar de verdad, puedes someterlos a tu voluntad obligándolos a permanecer una vez que llegan.

Dite a ti mismo: «Habéis llegado y yo no voy a haceros salir antes de diez minutos»[3].

---

[3] Como en la estratagema número 2, que prescribe un horario para los miedos, también aquí la base la constituye una paradoja. Existe, sin embargo, una importante diferencia: no hay ninguna prescripción, pero la actitud paradójica se lleva a cabo en el momento mismo en que se materializan los miedos. Cfr. J. Haley, *Il terapeuta e la sua vittima*, Roma: Astrolabio, 1984.

Cuarto día

¿Qué sucedía?

¿Cómo he estado?

Ejercicio número 4

Para intervenir con eficacia sobre las fantasías obsesivas que se alimentan de miedos irreales se puede recurrir a la siguiente estratagema. Cuando las imágenes se presentan en secuencia como en una película, evita intentar alejarlas con el esfuerzo de la voluntad. En cambio, intenta desbaratar el orden, anticipando o retardando algunas escenas. Coloca, por ejemplo, el final en lugar del principio, o bien aísla la escena clave, observándola de forma separada del contexto. De esta manera, experimentarás una sensación de mayor control[4].

---

[4] Según la programación neurolingüística las fobias pueden tratarse partiendo de la forma, del modo en que se nos presentan, mejor que a través del contenido, el objeto. En este caso, modificando el final se actúa precisamente sobre la forma. Cfr. R. Bandler, J. Grinder, *La struttura della magia*, Roma: Astrolabio, 1975.

Quinto día

¿Qué sucedía?

_____

_____

_____

_____

_____

_____

_____

_____

¿Cómo he estado?

_____

_____

_____

_____

_____

_____

_____

_____

Ejercicio número 5

Si las actividades normales del día se ven trastornadas por miedos que se presentan cada vez que tienes que andar por la calle, compórtate de esta manera: En cuanto lleguen los miedos, para de repente, date la vuelta y sitúate en sentido contrario a la dirección que llevabas. Empieza después a andar hacia atrás hasta que te sientas de nuevo calmado y relajado. Para los que tengan la fuerza de seguir la tarea los resultados no tardarán en llegar[5].

---

[5] El que quiera profundizar en esta estratagema puede dirigirse a un caso narrado por M. Erickson. Una paciente no conseguía trasladarse a vivir con su prometido, que vivía en otra ciudad, porque estaba aterrorizada por los medios de transporte. La situación, que se prolongaba desde hacía meses, ponía en peligro su noviazgo. Así que Erickson le prescribió a la joven que subiera al autobús entrando de espaldas. Cfr. J. Haley, *Cambiare le coppie,* Roma: Astrolabio, 1987.

Sexto día

¿Qué sucedía?

_____

_____

_____

_____

_____

_____

_____

_____

¿Cómo he estado?

_____

_____

_____

_____

_____

_____

_____

_____

_____

Ejercicio número 6

Cuando el miedo lo provoca algo muy concreto (arañas, ser-pientes, palomas, etc.), recurre a la estratagema siguiente. De los periódicos, libros u otro material, coge fotografías o imá-genes del objeto del miedo y cuélgalas en las paredes de tu propia casa. Dale un nombre al animal representado y cada vez que pases por delante salúdalo llamándolo por el nombre. Después de cierto tiempo, cuando ya no se presenten las reacciones de miedo, amplía las imágenes y continúa salu-dándolo. Lentamente se producirá un proceso de desensibili-zación[6].

---

[6] Entre las disposiciones indicadas en esta estratagema hay que subra-yar la importancia de «dar un nombre» al objeto de la fobia. La elec-ción de un nombre «humaniza» al animal objeto de terror y disminuye la distancia entre dicho objeto y la persona. Así se acelera el proceso de superación de la fobia.

Séptimo día

¿Qué sucedía?

_____

_____

_____

_____

_____

_____

_____

¿Cómo he estado?

_____

_____

_____

_____

_____

_____

_____

_____

¡ATENCIÓN!

No leas la parte que sigue si no has cumplido la tarea de los días anteriores.

¿Has cumplido la tarea como estaba explicado?

¿Todos los días?

¿Sin interrupciones?

En caso afirmativo, entonces, puedes pasar la página y leer el resto; de otro modo, tienes que volver a empezar con una nueva semana y seguir las indicaciones tal y como se detallan desde el principio.

Ahora, releyendo tu diario, responde a las preguntas que te pongo a continuación.

¿Ha sido una semana diferente?

¿En qué se ha diferenciado?

¿Has sentido más miedos, o menos, o en la misma cantidad e intensidad respecto a antes?

En caso de sufrir ataques de pánico, observa la duración, de la que habrás tomado nota: ¿han sido más largos o más breves? Vuelve a leer los pensamientos que tenías durante el ataque.

¿La intensidad ha sido la de siempre o distinta? Los ataques, ¿han sido menos intensos?

Escribe en el espacio siguiente el resumen de cómo ha ido esta semana.

_____

_____

_____

_____

_____

_____

_____

_____

_____

_____

_____

_____

_____

_____

_____

_____

_____

_____

_____

_____

Puedes pasar a la segunda semana. Pero:

¡ATENCIÓN!

SI NO HAS CUMPLIDO LAS TAREAS TAL COMO TE HABÍA PEDI-
DO, NO PASES A LA SEMANA SIGUIENTE.

SI SABES QUE NO HAS CUMPLIDO LAS TAREAS, VUELVE A EM-
PEZAR DESDE EL PRINCIPIO ANTES DE CONTINUAR.

Segunda semana: la estrategia
de los siete minutos tres veces al día

En esta semana tendrás que cumplir la tarea de la misma manera que la semana anterior, pero naturalmente con una pequeña diferencia. En vez de entretenerte 21 minutos tendrás que hacerlo solamente durante 7 minutos, tres veces al día, con una distancia de cuatro horas entre una y otra, y no necesariamente en la habitación donde lo habías hecho durante la primera semana. Podrás hacerlo donde creas que es más idóneo. Te bastará con mirar el reloj y comportarte como te comportabas cuando pensabas en ello durante los 21 minutos. Continúa haciendo la tarea del diario de la misma manera, apuntando todo lo que sucede.

Primer día

¿Qué sucedía?

_____

_____

_____

_____

_____

_____

_____

_____

¿Cómo he estado?

_____

_____

_____

_____

_____

_____

_____

_____

Ejercicio número 7

Cuando se manifiestan miedos o pensamientos no deseados que se resisten a cualquier palabra tranquilizadora, es indispensable romper el círculo vicioso entre los primeros y los intentos infructuosos puestos en marcha para combatirlos. Podrás alcanzar el objetivo a través de una estratagema muy eficaz: cuando aparezcan los miedos, procura «adquirirlos» pagando con dinero[7].

---

[7] El síntoma psicológico corresponde a un malestar, pero, por otro lado, a veces puede presentar también una forma de ventaja. La estratagema actúa, pues, mediante el poder de la representación, realizando a nivel simbólico la función positiva del trastorno.

Segundo día

¿Qué sucedía?

_____

_____

_____

_____

_____

_____

_____

¿Cómo he estado?

_____

_____

_____

_____

_____

_____

_____

_____

Ejercicio número 8

Cuando nos sentimos obsesionados o turbados por imágenes y escenas espantosas que se presentan en la mente, como los fotogramas de una película, para interrumpir su flujo se puede recurrir a la estratagema de la moviola. Se intenta hacer que discurran las secuencias en sentido contrario, como cuando se rebobina una película y las imágenes se mueven al revés. Repite el ejercicio dos veces al día, hasta que adviertas un cambio sustancial en el contenido de las escenas espantosas (un par de semanas debería ser suficiente)[8].

---

[8] Esta técnica, utilizada por el modelo de programación neurolingüística, puede ser útil para aumentar la capacidad de análisis de las imágenes que nos asustan. Es una asunción fundamental de este modelo el que algunos recuerdos traumáticos o imágenes de escenas aterrorizadoras, para ser superadas, han de ser evocadas hacia atrás. De este modo la persona tendrá una percepción diferente. Para profundizar más, se puede consultar el texto de R. Bandler, *Usare il cervello per cambiare*, Roma: Astrolabio, 1981.

Tercer día

¿Qué sucedía?

_____

_____

_____

_____

_____

_____

_____

_____

¿Cómo he estado?

_____

_____

_____

_____

_____

_____

_____

_____

_____

Ejercicio número 9

Cuando la ansiedad se manifiesta después de una imagen vívida y coloreada, como una postal o una fotografía nítida, cada intento por alejarla o mitigarla se romperá contra su intensidad. En estos casos, es mejor intentar transformarla en una imagen en blanco y negro o difuminar colores y contornos. Hay que repetir el ejercicio cada vez que la «postal» se presente en la mente. Notarás en seguida un alivio de la ansiedad y de la tensión. Continúa hasta que desaparezca el síntoma[9].

---

[9] Richard Bandler y John Grinder, los investigadores que han desarrollado el modelo de la programación neurolingüística, en muchos de los seminarios que han realizado en todo el mundo, intentan enseñar a los participantes cómo intervenir en los trastornos de la ansiedad a través de la descomposición de los modos construidos por la mente gracias a los que la ansiedad se manifiesta. Decolorar la imagen es únicamente una de las muchas posibilidades. Otros ejemplos se pueden encontrar en el libro de Bandler, R. *Usare il cervello per cambiare*, Roma: Astrolabio, 1981.

Cuarto día

¿Qué sucedía?

_____

_____

_____

_____

_____

_____

_____

¿Cómo he estado?

_____

_____

_____

_____

_____

_____

_____

_____

Ejercicio número 10

Si el miedo lo provocan episodios pasados cuyo recuerdo continúa persistiendo independientemente de tus esfuerzos por alejarlos, imagina que estás sentado delante de una pantalla y, como en una película, mírate a ti mismo aterrorizado por el miedo. Proyecta la *película* hasta el punto de máximo sufrimiento y observa las reacciones que tienen lugar en el film: ¿corres, luchas, intentas defenderte, te sientes mal, mueres?

Intenta substituir el resultado habitual por un final más positivo, agradable, quizás extraño, divertido, pero realista, concreto, realizable, del cual puedas asumir la responsabilidad.

Observa más veces la nueva película y escucha las reacciones que te suscita[10].

---

[10] En el ámbito psicoterapéutico, modificar el final de una representación mental significa modelar las sensaciones y las reacciones que dicha representación suscita y, en consecuencia, el propio comportamiento. Para profundizar se puede leer Dilts, R., *La programmazione neurolinguistica*, Roma: Astrolabio, 1981.

Quinto día

¿Qué sucedía?

_____

_____

_____

_____

_____

_____

_____

_____

¿Cómo he estado?

_____

_____

_____

_____

_____

_____

_____

_____

_____

Ejercicio número 11

Para parar los pensamientos indeseados, puedes intentar re-memorarlos en la mente y después, de repente, gritar *stop*. Repite el ejercicio hasta que obtengas un buen control y consigas detener los pensamientos. Después, hazlos aflorar y entrénate en bloquearlos sin necesidad de gritar *stop*, y con solo repetir la palabra mentalmente. Sigue con el ejercicio hasta que logres un resultado apreciable[11].

---

[11] En esta estratagema, la brevedad de las cuatro letras «STOP», representación simbólica del concepto de paro, produce su mismo concepto, y transforma la detención en una realidad efectiva. La aplicación de esta técnica ha sido muy empelada en el ámbito de la psicología conductual. Cfr. Meazzini, P., *Trattato teorico prattico di terapia e modificazione del comportamento*, op. cit.

Sexto día

¿Qué sucedía?

_____

_____

_____

_____

_____

_____

_____

_____

¿Cómo he estado?

_____

_____

_____

_____

_____

_____

_____

_____

Ejercicio número 12

Cada vez que te sientas trastornado por pensamientos indeseados, insistentes y perturbadores, como voces o palabras, coge papel y lápiz y escribe diez veces una frase privada de significado. Notarás que los pensamientos se reducen hasta anularse.

En el caso de que se presentaran de nuevo, vuelve a escribir la frase otras diez veces y así sucesivamente, hasta que sientas que te has librado por completo. El objetivo consiste en anular una obsesión, la voz, con otra obsesión, escribir. La segunda puede revelarse más potente que la primera[12].

---

[12] Esta estratagema hace hincapié en la importancia de la acción a fin de conseguir un cambio inmediato en relación con las obsesiones. Se aleja de la idea de que un análisis atento y riguroso de la obsesión pueda ser la única vía posible para la cura y se concentra en que la persona aprenda una técnica de uso inmediato. Milton Erickson, autor ya citado, ha sido el precursor de esta aplicación.

Séptimo día

¿Qué sucedía?

_____

_____

_____

_____

_____

_____

_____

_____

¿Cómo he estado?

_____

_____

_____

_____

_____

_____

_____

_____

_____

_____

También al final de esta segunda semana, volviendo a leer el diario, responde las preguntas:

¿Ha sido una semana diferente?

¿En qué se ha diferenciado?

¿Has sentido más miedos, o menos, o en la misma cantidad e intensidad que antes?

En caso de sufrir ataques de pánico, observa la duración, de la que habrás tomado nota: ¿han sido más largos o más breves? Vuelve a leer los pensamientos que tenías durante el ataque.

¿La intensidad ha sido la de siempre o distinta? Los ataques, ¿han sido menos intensos?

Escribe en el espacio siguiente el resumen de cómo ha ido esta semana.

_____

_____

_____

_____

_____

_____

_____

_____

_____

_____

_____

_____

_____

_____

_____

_____

_____

_____

Puedes pasar a la última semana. Pero:

¡ATENCIÓN!

SI NO HAS CUMPLIDO LAS TAREAS TAL COMO TE HABÍA PEDI-
DO, NO PASES A LA SEMANA SIGUIENTE.

SI SABES QUE NO HAS CUMPLIDO LAS TAREAS, VUELVE A EM-
PEZAR DESDE EL PRINCIPIO ANTES DE CONTINUAR.

Tercera semana: la estrategia
de los siete minutos una vez al día

En esta última semana tendrás que continuar haciendo la tarea de los siete minutos, pero solamente una vez al día. Decide tú cuándo y dónde. Continúa escribiendo el diario.

Primer día

¿Qué sucedía?

_____

_____

_____

_____

_____

_____

_____

_____

¿Cómo he estado?

_____

_____

_____

_____

_____

_____

_____

_____

Ejercicio número 13

Para modificar la estructura de un recuerdo traumático que resiste el transcurso del tiempo, piensa en una imagen agradable o de contenido neutro y redúcela hasta el tamaño de un sello de correos. Después evoca el recuerdo y colócalo en el centro del *sello*. Aumenta mentalmente el sello, primero poco a poco y después deprisa, hasta hacerlo tan grande como el recuerdo traumático subyacente. Repite la estratagema varias veces. Al finalizar verificarás un hecho interesante: la imagen inicial, que provocaba ansiedad y angustia, quedará transformada y las reacciones ya no serán las mismas[13].

---

[13] Esta estratagema, a la que recurren los terapeutas de formación neurolingüística, además de ser útil para superar recuerdos traumáticos es un fenómeno psíquico, establecido desde las primeras formulaciones psicoanalíticas como una asociación inconsciente de pensamientos aparente casuales pero, en realidad, muy relacionados entre sí. La imagen agradable viene de forma involuntaria precisamente por su vinculación con el recuerdo traumático. Esto facilita la asociación entre el recuerdo indeseado y la nueva imagen, que puede absorber la potencia negativa del trauma gracias a sus puntos de contacto con él. Más detalles en Bandler, R., y Grinder, J., *La struttura della magia*, Roma: Astrolabio, 1975.

Segundo día

¿Qué sucedía?

_____

_____

_____

_____

_____

_____

_____

_____

¿Cómo he estado?

_____

_____

_____

_____

_____

_____

_____

_____

_____

Ejercicio número 14

Para atenuar la tensión cuando te encuentres en medio de la gente, puedes recurrir a la técnica siguiente, primero en casa y luego donde sea necesario.

Observa el número de pulsaciones por minuto. Para ello, pon el pulgar y el índice de la mano derecha sobre el pulso de la izquierda —o al revés si eres zurdo— apretando ligeramente primero y más fuerte después. Gracias a esta presión la respiración tiende a ralentizarse. Continúa unos minutos concentrando la atención sobre tu propia respiración. Al acabar, cuenta de nuevo las pulsaciones para observar si ha habido variaciones significativas. Continúa los días siguientes hasta que consigas que se desacelere el pulso. Después podrás utilizar la técnica siempre que tengas necesidad de ello[14].

---

[14] Para disminuir la atención que el paciente ponía en escuchar su propio cuerpo, Milton Erickson construía tareas, relatos, prescripciones de comportamiento que se basaban en la distracción. Cfr. Erickson, M. H., *et al.*, *Tecniche di suggestione ipnotica: induzione dell'ipnosi clinica e forme di suggestione indiretta,* Roma: Astrolabio, 1982.

Tercer día

¿Qué sucedía?

_____

_____

_____

_____

_____

_____

_____

_____

¿Cómo he estado?

_____

_____

_____

_____

_____

_____

_____

_____

Ejercicio número 15

Cuando pienses que puede entrarte ansiedad, miedo o pánico en un lugar público, en vez de escapar prueba a realizar este ejercicio. Observa atentamente a los presentes intentando determinar qué persona podría sufrir tu mismo problema. Estúdiala con atención, esforzándote en detectar las señales no verbales que te han llevado a escogerla entre las demás. Después de esta observación podrás advertir, en el curso de unas semanas, una mejora progresiva[15].

---

[15] Una técnica más que se basa en la distracción y utilizada por la Escuela de Palo Alto para producir, en poco tiempo, un cambio en la percepción de la realidad. Consiste en implicar al paciente en una tarea que le impida controlar las reacciones del propio cuerpo. El tema está estudiado en Haley, J., *Problem Solving Therapy*, Nueva York: Josey-Bass, 1976.

Cuarto día

¿Qué sucedía?

_____

_____

_____

_____

_____

_____

_____

_____

¿Cómo he estado?

_____

_____

_____

_____

_____

_____

_____

_____

Ejercicio número 16

Para superar bloqueos y tensiones insostenibles, siéntate cómodamente con los ojos cerrados e intenta imaginar un lugar agradable. Observa todo lo que hay en el ambiente imaginado (colores, sonidos, temperatura) y busca al mismo tiempo percibir las reacciones de tu cuerpo: la respiración, el calor, la relajación de los miembros, y así sucesivamente. Continúa asociando las imágenes del lugar agradable a las reacciones fisiológicas de bienestar hasta que alcances una sensación de calma. Un entrenamiento diario, al menos durante una semana, permite alejar de modo significativo la tensión y deshacerse de posibles bloqueos, también en relación con el sexo[16].

---

[16] Robert Dilts, investigador en programación neurolingüística, ha ilustrado este método en un seminario que dio en Milán al inicio de los noventa, definiéndolo como «fantasía guiada». Cfr. Bandler, R., y Grinder, J., *La ristrutturazione,* Roma: Astrolabio, 1983.

Quinto día

¿Qué sucedía?

_____

_____

_____

_____

_____

_____

_____

_____

¿Cómo he estado?

_____

_____

_____

_____

_____

_____

_____

_____

Ejercicio número 17

Para relajarte, entrénate a través de la siguiente estratagema. Siéntate e imagina que sales de tu propio cuerpo. Obsérvalo atentamente desde el exterior identificando el lugar de la respiración, la postura, los puntos de tensión o posibles contracturas. Después, sin prisa ninguna, empieza a modificar la respiración utilizando la parte baja de la barriga. Hecho esto, imagínate que masajeas las zonas contraídas o tensas y tranquilízate con las palabras apropiadas, expresadas en un tono adecuado. Al realizar este ejercicio una vez al día durante dos semanas, conseguirás interiorizarlo bastante bien para poder hacerlo de modo automático en los momentos que más lo necesites[17].

---

[17] En esta técnica la diferencia sustancial, respecto a otras, reside en el hecho de que el paciente interviene sobre algunas partes del cuerpo, las que cree que necesitan de la intervención, y no el cuerpo en general. Es una técnica imaginativa desarrollada por Bandler, R., en *Usare il cervello per cambiare,* op. cit., pero que puede atribuirse a Milton Erickson.

Sexto día

¿Qué sucedía?

_____

_____

_____

_____

_____

_____

_____

_____

¿Cómo he estado?

_____

_____

_____

_____

_____

_____

_____

_____

_____

Ejercicio número 18

Cuando necesites recuperar energía en poco tiempo, puedes recurrir a una eficaz técnica de autohipnosis. Siéntate cómodamente y cierra los ojos. Empieza a contar al revés, desde 10 hasta 0. Imagínate que en cada número consigues crear más oscuridad en la mente y nota que la respiración se ralentiza. Cuando llegues a 0, empieza a contar en sentido contrario, o sea, de 0 a 10, haciendo el proceso a la inversa, es decir, imaginando más luz a cada número. Cuando llegues al 10, abre los ojos y estírate un poco. Te sentirás relajado y cargado de energía[18].

---

[18] Cuando se habla de hipnosis y autohipnosis es imposible no citar Erickson, M. H., y Rossi, E. L., *The Collected Papers of Milton H. Erickson on Hypnosis*, vol. I, II, III, IV: *Hypnotic Investigation of Psychodynamic Processes*, Nueva York: Irvington, 1982.

Séptimo día

¿Qué sucedía?

_____

_____

_____

_____

_____

_____

_____

_____

¿Cómo he estado?

_____

_____

_____

_____

_____

_____

_____

_____

Como en las semanas anteriores, también en esta tercera semana, volviendo a leer el diario, responde las preguntas:

¿Ha sido una semana diferente?

¿En qué se ha diferenciado?

¿Has sentido más miedos, o menos, o en la misma cantidad e intensidad respecto a antes?

En caso de sufrir ataques de pánico, observa la duración, de la que habrás tomado nota: ¿han sido más largos o más breves? Vuelve a leer los pensamientos que tenías durante el ataque.

¿La intensidad ha sido la de siempre o distinta? Los ataques, ¿han sido menos intensos?

Escribe en el espacio siguiente el resumen de cómo ha ido esta semana.

_____

_____

_____

_____

_____

_____

_____

_____

_____

_____

_____

_____

_____

_____

_____

_____

_____

_____

_____

Has llegado al final de las tres semanas

Bien. Han transcurrido las tres semanas y si has seguido la tarea al pie de la letra habrás notado, por supuesto, una mejoría sustancial respecto a tus miedos. Casi con toda seguridad lo que antes te infundía un miedo excesivo, hoy se ha atenuado mucho, en algunos casos es posible que incluso se haya resuelto. Como habrás podido observar, cada vez que intentabas provocarte miedo voluntariamente, este no llegaba e incluso muchas veces tu mente rechazaba intentarlo. Eso es lo que podrás hacer de ahora en adelante, no esperar que lleguen los miedos cuando tengas que ir hacia cualquier situación que te asusta, sino intervenir de forma anticipada intentando provocarte tú mismo los miedos... Como ya sabes eso bastará para que no aparezcan. Del mismo modo, cuando cualquier miedo te asalte de imprevisto, no te refugies en el intento inútil de la distracción; por el contrario, intenta por todos los medios esforzarte en aumentarlo, concéntrate en las peores fantasías, con el objetivo, obviamente, de disminuirlo y deshincharlo.

A partir de hoy, ya no tendrás que someterte a la tarea de los siete minutos de la manera establecida, si no que podrás hacerlo cuando identifiques la necesidad. Como has comprendido, ahora, a diferencia de lo que te pasaba antes, tienes un instrumento para intervenir sobre tus miedos: una especie de remedio homeopático, en el que el resfriado se cura con el propio virus del resfriado, a través de una acción paradójica pues. A continuación puedes leer una aplicación que los autores, que por primera vez han aplicado esta técnica, explican en uno de sus textos. En la bibliografía podrás descubrir, además, qué otros autores e investigadores la han propuesto y con qué variantes.

«*Terapeuta*»: Usted está intentando tener bajo control sus pensamientos, pero no lo consigue. Y no puede hacer más que esperar que estos pensamientos desagradables lleguen; después, cuando llegan, intenta distraer la mente, pero permanecen hasta que ellos quieren. No, mire, si queremos conseguir dominar estos pensamientos, lo primero que hay que hacer es que sea usted quien decida cuándo tienen que venir y cuándo tienen que irse, al menos algunas veces. Ahora bien, usted me dice que todos estos pensamientos tienen la costumbre de no preferir un horario alrededor de las nueve de la mañana, para hacer su aparición. No vienen nunca, normalmente, sino es alrededor de mediodía. ¡Bah! aquí puede usted hacer algo. A las nueve de la mañana invoque en su mente estos pensamientos que le molestan y téngalos ahí al menos hasta las nueve y media. Oh, atención, porque estas ideas obsesivas podrían intentar escabullirse antes de las nueve y media, entonces tendría que bloquearlas allí. Si ve que su mente comienza a vagar, tiene que obligarla a pensar en las ideas obsesivas. Otras veces, en cambio, estos pensamientos vendrán de forma espontánea. De acuerdo, acéptelos, pero no les permita largarse cuando les parece a ellos. Haga que se queden otros cinco o diez minutos al menos. Así, ellos deciden cuándo dejarse ver, pero será usted quien decida cuándo tienen que desaparecer». (Fisch, Weakland, Segal, *La táctica del cambio*, Barcelona: Herder Editorial, SA, 1984).

¿Y ahora?

Solo te queda leer la última parte del libro

Hemos llegado al final de tu recorrido de autoayuda. Este capítulo te explicará como arreglártelas solo, de ahora en adelante.

Llegado a este punto, tendrías ya que haber notado la mejoría ocurrida en las tres semanas pasadas. El grado de esa mejoría varía en cada persona, cada situación y cada problema. Pensando en la mejoría como una bola de nieve que al rodar se va haciendo cada vez mayor, el primer paso consiste en darse cuenta de sus dimensiones actuales.

Si la bola es aún una bolita, lo que puedes hacer es esperar con confianza que a lo largo del camino se haga más compacta y voluminosa. Espera con paciencia que la bola llegue al valle. Tu vida adquirirá entonces un nuevo equilibrio, las cosas que podían ser cambiadas lo habrán sido.

Si, por el contrario, el cambio te ha sorprendido, y la bola es mayor y mucho más redonda de lo que te imaginabas, significa que tu problema estaba ya bastante maduro, saturado, que había ocupado todo el espacio posible dentro de tu vida y que en el momento mismo en que has empezado a leer el manual, no esperaba más que el golpe de efecto, el pequeño cambio necesario para cambiar para siempre una situación que, en cualquier caso, tenía los días contados y no esperaba más que ser modificada.

Observa de qué manera tu mejor estado de ánimo actúa en otros campos, en apariencia desligados del problema en sentido estricto. Ocurrirá que descubrirás más gusto en los sabores, más placer en los aromas. Te divertirá poner más atención en la ropa que vas a ponerte o en cómo vas a peinarte; los amigos que habías ignorado te parecerán más simpáticos y afectuosos. Sentirás la exigencia de programar tu futuro con la perspectiva de un horizonte temporal más amplio respecto a lo que te parecía posible durante los últimos tiempos.

Lo más importante que has de llegar a comprender en esta fase es que, por sorprendentes, inesperados, mínimos o máximos que puedan ser los resultados a los que has llegado, son fruto únicamente de tu capacidad de actuar, de moverte y de cambiar, de asumir un esfuerzo en relación contigo mismo y de afrontar el problema haciéndote cargo de tus responsabilidades. Intenta volver a leer los primeros capítulos de este manual, con menos prisa respecto a la que antes podías tener, y entenderás que detrás de tu situación actual no hay otra cosa que tu trabajo. La psicología ha alcanzado la comprensión del modo en que la persona es guiada correctamente.

¿Cómo tienes que continuar?

Compórtate como si los miedos que antes te producían malestar nunca hubieran existido

A primera vista, puede parecer que seguir este consejo es más arduo de lo que es. Como todas las cosas, tampoco tu trastorno puede durar eternamente. Se ha transformado en algo nuevo y diferente: en la consciencia de que, de ahora en adelante no te abandonará nunca más, todos los problemas pueden resolverse. Esa confianza será la sombra que te acompañará: una compañía fiel e indispensable. De hoy en adelante, tendrás siempre un precedente en el que inspirarte, cuando te parezca que no sabes cómo salir de una situación. Una voz despertará dentro de ti y te sugerirá qué hacer y cómo comportarte. Ya no te verás solo como una persona que ha sufrido un problema, sino, también, como alguien que ha sido capaz de trabajar y esforzarse concretamente en acciones precisas.

Para continuar trabajando intenta, finalmente, proseguir tu recorrido a través de la utilización de dos estratagemas que ya hemos visto. La primera consiste en continuar preguntándote cómo te comportarías si tu problema *nunca hubiera existido*. También en este caso, si es necesario, haz una lista de las innumerables cosas que serían distintas en tu vida e intenta de vez en cuando, si te sientes más débil o dubitativo, poner en práctica una o dos; observa después las reacciones y presta atención a tus pensamientos. La segunda consiste, como ya se anticipó en las estrategias, en escoger una persona a la que admires y quieras bien, y que represente para ti el polo opuesto a tu problema: un amigo o un familiar que a tus ojos simbolice la encarnación de la *salud*, del quererse bien y del respetarse a sí mismo. Observa la manera cómo se comporta en las situaciones en las que a ti en cambio, hasta ahora, te asaltaba la ansiedad o el pánico. También en este caso, si lo encuentras útil, haz una lista de sus comportamientos, y no te avergüences de *copiarle* algunos, aunque solo se trate de pequeños gestos cotidianos.

¿Y si nada ha cambiado?

Hay que plantearse algunas cuestiones

Ningún recorrido de crecimiento puede garantizar resultados seguros. Esto se debe, obviamente, al hecho de que los procesos mentales representan un objeto de estudio mucho más complicado que los observados por la física o las ciencias. También en la consulta de psicoterapia algunos pacientes resuelven por completo su problema; otros solo parcialmente, y algunos no encuentran ninguna mejoría. Las estrategias y las pequeñas tareas que te han sido encomendadas representan un buen enfoque, pero si crees que no has obtenido resultados satisfactorios, te pediría ante todo que te preguntaras con la máxima sinceridad si has cumplido las tareas de la forma exacta en que te han sido prescritas. Es muy importante: incluso el más pequeño detalle que tú hayas introducido podría haber causado el fracaso del recorrido. Si crees que ese puede ser el motivo, vuelve a aplicar las estrategias, ármate de paciencia, coge otras tres semanas y empieza desde el principio; por supuesto, esta vez, siguiendo escrupulosamente todas las instrucciones.

Si después de haber seguido al pie de la letra todas las estrategias por segunda vez, tampoco notas ninguna mejoría, es posible que hayas infravalorado el problema y es el momento de que acudas a un profesional para seguir una terapia tradicional. Nada alarmante, no hay que demonizar nada. Un mayor conocimiento nunca hace daño y podrá ayudarte a entender mejor algunas cosas de ti.

Además, no llegas sin preparación. Con las técnicas que has aprendido podrás alcanzar antes los resultados.

Hemos llegado a las conclusiones. A las conclusiones de esta guía que te invito a leer porque te proporcionaran información sobre el modelo que he aplicado.

Conclusiones

El modelo con el cual te has puesto a prueba en la parte más práctica de la guía es conocido como *terapia sistémica y estratégica*, y es un modelo de terapia que dio sus primeros pasos alrededor de los años cincuenta, cuando en Palo Alto, California, nació el grupo dirigido por el antropólogo Gregory Bateson, que empezó a trabajar al principio en el estudio de la comunicación para después dedicarse a la elaboración de modelos de tratamiento en el ámbito de la psicología clínica. Su centro operativo fue el Mental Research Institute (MRI). Lo abrieron en 1959 como centro privado un grupo de psiquiatras, psicólogos y otros investigadores del comportamiento humano. El texto fundamental de la propuesta teórica del MRI es el breve ensayo *Hacia una teoría de la esquizofrenia*, escrito en 1956. Entre sus cuatro autores están Don Jackson y Gregory Bateson, profesionales ya destacados del mundo científico en el momento de la redacción del ensayo. Jay Haley y John Weakland, los otros dos, menos renombrados que los primeros, despegaron profesionalmente tras su publicación, gracias a su inmediato reconocimiento.

El texto sienta las bases para una revolución copernicana en el seno de la psicología clínica al pasar de lo intrapsíquico a lo relacional; del análisis retrospectivo del pasado al estudio de las reglas que gobiernan la interacción aquí y ahora; de preguntarse el porqué del problema a buscar cómo modificar el problema presente; de la extrema pasividad del terapeuta al activismo y a la utilización de la influencia personal en la praxis clínica del cambio de una situación problemática. En el transcurso del tiempo, de los estudios y de las investigaciones, se unieron al grupo del MRI otras figuras, como Milton Erickson, que con justicia se puede definir como el padre espiritual de la escuela, y otros más cercanos, como el psicólogo austríaco Paul Watzlawick.

Milton Erickson creía que cada persona es un ser irrepetible, con experiencias personales y con maneras de percibir y elaborar la realidad completamente individuales. En consecuencia, desde su punto de vista, también el estudio clínico de una persona tenía que tener en cuenta esto, y las estrategias de intervención, por necesidad, tenían que adaptarse siempre a la singular personalidad de cada uno, a su contexto y a sus experiencias de vida. El texto de referencia más importante de Milton Erickson respecto al acercamiento al paciente es *Mi voz te acompañará* que, con un lenguaje sencillo y accesible a todos, narra las historias de curación de casos clínicos particulares con la utilización de hechos inhabituales, sorprendentes, paradojas, metáforas, analogías, anécdotas, curiosidades, humor, divagaciones aparentemente sin sentido, enigmas, o crónicas de hechos cotidianos o de pura fantasía.

La terapia de Palo Alto se anuncia diferente de todos los modelos que la habían precedido sobre todo en la cuestión de su duración. Los investigadores establecen las bases de un modo de operar terapéutico que normalmente se desarrolla en tiempos muy breves (unas diez sesiones). Las técnicas y las estrategias que se han explicado en el desarrollo del libro pueden encontrarse en otros muchos textos que tratan del tema y que puedes encontrar en la bibliografía. El que esto escribe ha experimentado estas técnicas y, a veces, ha propuesto variaciones de las originales en una casuística muy amplia de personas. Y los resultados no han faltado. Cierto, también los fracasos, pero no existen cosas buenas sin la presencia también de otras menos buenas. La medicina oficial no reconoce la eficacia de un fármaco sin la presencia de un cierto porcentaje de casos de ineficacia.

Espero que en tu caso, esta breve guía, sin ninguna pretensión de que sea la solución a los problemas que ha tratado, pueda haberte sido de alguna ayuda, también para hacerte comprender la naturaleza de tus miedos.

Sería ya un buen principio.

Bibliografía

ANDRÉ, Cristophe (2005), *Chi ha paura della paura*. Milán: Corbaccio.

A.A.V.V. (1987), *DSM III R* (Manual diagnóstico y estadístico de los trastornos mentales). Arlington: American Psychiatric Association.

BATESON, Gregory; HALEY, Jay; JACKSON, Don D.; WEAKLAND, John H. (1956), «Towards a Theory of Schizophrenia», en JACKSON, Don D. (eds.), *The Etiology of Schizophrenia*. Nueva York: Basic Books, 1960.

FISCH, Richard; WATZLAWICK, Paul; WEAKLAND, John H. (1974), *Change. Principles of Problem Formation and Problem Resolution*. Nueva York-Londres: W. W. Norton & Company.

FISCH, Richard; WEAKLAND, John H.; SEGAL, Lynn (1982), *Change. Le tattiche del cambiamento*. Roma: Astrolabio, 1983.

FIORENZA, Andrea; NARDONE, Giorgio (1995), *L'intervento strategico nei contesti educativi*. Milán: Giuffrè.

FIORENZA, Andrea (2000), *Bambini e ragazzi difficili*. Milán: Ponte alle Grazie.

— (2006), *Ansia. 99 stratagemmi per liberarsene rapidamente*. Milán: Rizzoli.

— (2008), *Quando l'amore non basta*. Milán: Rizzoli.

FOLEY, Vincent D. (1974), *An Introduction to Family Therapy*, Nueva York: Grune & Stratton.

GOFFMAN, Erving (1981), *Forme del parlare*. Bolonia: Il Mulino, 1987.

HALEY, Jay (1973), *Uncommon Therapy. The Psychiatric Techniques of Milton H. Erickson*. Nueva York-Londres: W. W. Norton & Company, 1993.

JACKSON, Don D. (1959), «Interazione e omeostasi familiare: alcune implicazioni per una psicoterapia familiare congiunta», en CANCRINI,

Luigi (ed.), *Verso una teoria della schizofrenia*. Turín: Bollati Boringhieri, 1977.

PAVLOV, Ivan P. (1926), *I riflessi condizionati*. Turín: Bollati Boringhieri, 1994.

RUSSELL, Bertrand; WHITEHEAD, Alfred N. (1910-1913), *Principia Mathematica*. Cambridge: Cambridge University Press, 1925.

SATIR, Virgina (1964), *Conjoint Family Therapy*. Palo Alto: Science and Behavior Books, 1983.

SELVINI PALAZZOLI, Mara; BOSCOLO, Luigi; CECCHIN, Gianfranco; PRATA, Giuliana (1975), *Paradosso e controparadosso*. Milán: Feltrinelli, 1989.

SELVINI PALAZZOLI, Mara; CIRILLO, Stefano; SELVINI, Matteo; SORRENTINO, Anna Maria (1988), *I giochi psicotici nella famiglia*. Milán: Raffaello Cortina.

WATZLAWICK, Paul (1978), *The Language of Change: Elements of Therapeutic Communication*, Nueva York-Londres: W.W. Norton & Company, 1993.

WEAKLAND, John H. (1960), «The "Double Bind" Hypothesis of Schizophrenia and Three-party Interaction», en JACKSON, Don D., (edición de), *The Interactional View*. Nueva York: Basic Books.

WEAKLAND, John H.; FISCH, Richard; WATZLAWICK, Paul; BODIN, Arthur (1974), «Terapia breve», en WATZLAWICK, Paul; WEAKLAND, John H. (eds.), *La prospettiva relazionale*. Roma: Astrolabio, 1978.